LES PIÉTONS

DE PARIS

Léon Comar
Ex libris

LES PIÉTONS DE PARIS

JULES CLARETIE

LES PIÉTONS DE PARIS

ILLUSTRATIONS DE LUIGI LOIR

PARIS

LE LIVRE CONTEMPORAIN

MCMXI

PRÉFACE

A mes Confrères du « Livre contemporain »

Mes amis du Livre contemporain — car les amis
de nos amis sont nos amis, et quels meilleurs amis que les
livres ! — me donnent la joie de posséder un ouvrage très
parisien, délicieusement illustré par un maître peintre qui est
le paysagiste « lutécien » entre tous.

Ce sont les « vues de Paris » de M. Loir Luigi qui
font tout le prix de ces pages retrouvées. Si elles ont, ces
pages, un mérite, c'est d'être sincères, d'être écrites non pas
sur la borne comme les notes du Tableau de Paris de

Sébastien Mercier, mais sur un coin de table, en rapportant de quelque promenade une impression toute vive.

Quelle bonne fortune leur arrive! J'aurais à peine osé les relire, et voilà que mes chers compagnons les bibliophiles leur donnent la durée, disons mieux, l'immortalité des beaux livres, plus certaine que celle du Pont des Arts!

Je ne me doutais, lorsque je les écrivais, ni que je les verrais ainsi parées, ni que je franchirais un jour ce pont en grand costume. Visions exquises de ma jeunesse, alors que l'on pouvait aller partout à travers Paris et que l'on était le flâneur, le badaud, ce que le Fantasio de Musset aurait voulu être : « ce monsieur qui passe ».

C'était le bon temps de Paris, du Paris des « bayeurs aux chimères ». Il y avait alors beaucoup de ces « coins de Paris » que notre ami Georges Cain découvre encore. On pouvait librement aller, venir, bouquiner, lire même, lire le livre arraché à la boîte à quatre sous, ou le journal acheté au kiosque. On pouvait regarder en l'air, déchiffrer une enseigne, chercher une inscription effacée, un motif de sculpture, un souvenir, sans risquer de finir sa flânerie dans la pharmacie voisine. O le vieux Paris aboli! le Paris des piétons! le Paris des amoureux de Paris!

Ces promenades à travers les ponts, les quais, les places, reflètent un moment de la vie parisienne et je dirai un moment de ma vie, alors que j'étais libre de muser et de rêver. C'était au moment de l'*Exposition* de 1867. Ce Paris qui nous semblait si bruyant alors, envahi par tous les exotiques et, pour écrire le mot, les rastas d'opérette, ce Paris de Meilhac et Halévy nous paraîtrait d'un calme provincial et familial comparé au Paris de Sherlock Holmès et du roi de Cerdagne, au Paris d'aujourd'hui, international et trépidant qui, n'ayant plus assez de place pour circuler à terre, réclame des « correspondances » pour les autobus aériens.

De tous les charmants « Cuadros » que l'illustrateur de ce livre a tracés d'un pinceau si fin, un seul forme avec mes impressions d'autrefois un très aimable anachronisme. C'est ce coin du quai d'Orsay, près du pont, avec l'omnibus dont les trois chevaux semblent en réalité marcher, l'angle de la station du chemin de fer qui n'existait pas à l'heure où j'écrivais et montre ici les arêtes de sa construction nouvelle. C'est bien là le Paris nouveau. Et pourtant il y manque les autos, les bicyclettes, les tramways, et, dans la nuée, l'aéroplane ou le ballon dirigeable, l'énorme poisson volant ou la libellule gigantesque, les aéronefs qui donnent au paysage parisien actuel le vague aspect d'un décor de féerie.

Ce sera pour plus tard. Hâtons-nous de fixer dans nos

mémoires le Paris qui fut, le Paris qui passe, je ne dis point le Paris qui meurt, car il n'a, ce Paris, d'autre défaut qu'une surabondance de vie et une suractivité de nerfs. Et ce qui me plaît, dans le choix bienveillant de mes confrères du Livre contemporain, ce qui me touche très vivement, c'est qu'ils m'ont permis de rendre avec eux et par eux un hommage au Paris de mes vingt ans, à ce Paris que j'aime, comme l'aimait mon compatriote le fin Périgourdin Michel de Montaigne, celui que les Anglais, en publiant une traduction de ses Essais, appellent aujourd'hui Lord Montaigne.

Aimons Paris, mes chers confrères, comme nous aimons nos livres. Et souhaitons qu'on ne démolisse pas trop de vieilles pierres sous prétexte d'extirper les « verrues ». Quant aux livres, il est bien entendu qu'ils ne doivent pas, eux, avoir de verrues, et je crois bien que celui-ci n'en aura point.

Çà et là en découvrira-t-on dans le texte, peut-être. « Excusez alors les fautes de l'auteur, » comme disaient les vieux drames espagnols. Mais ce ne sera pas la faute de l'éditeur, que je remercie en même temps que le peintre.

Viroflay, 1ᵉʳ août 1909.

JULES CLARETIE.

P.-S. — *J'avais écrit « l'éditeur » et je dois, pour être vrai et pour être juste, dire « les éditeurs ». Ce livre, commencé par un des nôtres, le regretté docteur Goubert, est achevé par M. Pierre Dauze, dont l'érudition et le goût se sont unis pour parfaire l'œuvre du disparu. Le docteur Goubert, qui aimait M. Loir Luigi comme il aima ceux dont il admirait le talent — son cher Maurice Rollinat, l'exquis Albert Samain, — avait apporté un dévouement rare à l'exécution de cette sorte d'Album. Il avait la joie et la fierté de le mener à bonne fin. Le terrible imprévu est venu — et c'est un autre, un maître bibliophile, qui donne le « Bon à tirer ». Et si ce livre vaut quelque chose, c'est à nos deux chers confrères que le devront les amis du Livre contemporain.*

J. C.

LES PIÉTONS DE PARIS

LES PLACES PUBLIQUES
LES QUAIS ET LES SQUARES DE PARIS

I

LES QUAIS

U N jour de beau temps, de bon matin,
voulez-vous faire la plus charmante promenade du monde? Suivez les quais,
du Champ de Mars au Jardin des Plantes,
et allez déjeuner à Bercy. Un pareil trajet vaut les
excursions les plus célèbres. C'est, au surplus, tout un

voyage, et bien des gens, des Parisiens, s'écrieraient
que c'est une course aux Antipodes.

Les quais, — les *quais historiques,* — ne commencent
guère qu'à la place de la Concorde. Ni la route de
Versailles, ni le quai de Passy n'ont gardé la trace des
pas de cette armée de femmes qui, le 5 octobre 1789,
s'en alla à Versailles chercher le Roi, et, le lendemain,
mêlée à la garde nationale parisienne, revint, ramenant
ceux que, dans un langage familier, mais non encore hos-
tile, elle appelait *le Boulanger, la Boulangère* et *le Petit
Mitron.* Entre le *quai d'Orsay,* à gauche, et le *quai Debilly,* à droite, la Seine coule parmi des constructions
superbes, mais sans souvenirs, orgueilleuses et neuves,
qui n'évoquent aucune image et ne parlent d'aucun
passé. Quelques vieux hôtels, noircis par le temps,
s'ennuient à se fendre. Tout à côté de la *Chaumière* où
Tallien cacha son amour, la Manutention se dresse,
avec des apparences de caserne, sur le *quai Debilly.*
Personne ne passe là sans se rappeler l'incendie terrible qui dévora l'ancien bâtiment. Tout ce quartier,
pendant une nuit, fut rouge de flammes. Le fleuve
semblait rouler de la lave, et les sacs de blé, s'embra-
sant, éclataient, s'éparpillaient en l'air comme des pyro-

technies. Plu-
sieurs mois après,
on retrouvait
encore calcinés,
réunis entre eux
par la fusion, des 
grains de froment semblables à ceux qu'on a recueillis
dans les boulangeries de Pompéi, la ville morte. Les
démolitions ont emporté et la voluptueuse demeure
de Sophie Arnould et la luxueuse « chaumière » de
cette beauté sinistre qu'on appela *Notre-Dame de
Thermidor,* et l'asile secret où Cadoudal médita ses
projets homicides.

Le *quai de la Conférence* se confond avec le Cours
la Reine.

Le *quai d'Orsay* longtemps s'appela la *Grenouillère.*
C'est un marais où coassaient les grenouilles avec les
onomatopées d'Aristophane : *kex, brékékex.* Au commencement du dix-huitième siècle, on le combla. Bou-
cher d'Orsay, prévôt·des marchands, lui servit de père
et de parrain. C'est un quai d'aspect solennel, officiel,
où logent les casernes et les ambassades, des hôtels, et
les palais de la Légion d'honneur, de la Cour des

Comptes, du Conseil d'État, du Corps législatif, du ministère des Affaires étrangères, la manufacture des tabacs, le magasin des hôpitaux militaires, les écuries des Tuileries. Les officiers de cavalerie des *quartiers* voisins y rencontrent, en passant, les députés qui se rendent à la Chambre. Le quai n'a encore que de rares bouquinistes.

Le bouquin étale plus largement ses angles écornés sur les parapets du *quai Voltaire*. Mais, à partir de là, il envahit tout, au moins sur les quais de la rive gauche. Parapets et rez-de-chaussée, tout lui est bon, la boutique au plafond bas et l'étalage en plein air. Il règne. Il est d'ailleurs l'ornement et la vie de ces endroits un peu silencieux. Otez les estampes, les vieilles cartes, la librairie et l'imagerie, ce coin de Paris devient morne et comme déserté. Le quai Voltaire a pourtant des arbres, les uns très jeunes plantés sur le quai, d'autres bientôt séculaires, des peupliers sur la berge, qui dressent leurs têtes au-dessus des parapets, et qui verdoient, et qui frissonnent, et qui laissent tomber, en automne, leurs feuilles jaunies sur les livres abandonnés. — Pauvres volumes, *enfants trouvés,* enfants perdus de la librairie ! « Porter un livre

QUAI DU LOUVRE

au revendeur du quai, me disait un bibliophile, c'est mettre son enfant *au tour* ! C'est une lâcheté, c'est plus qu'un crime ! „

Voltaire est mort dans cette maison qui fait le coin de la rue de Beaune. C'était l'hôtel de son ami M. de Villette. Tout ce terrain fut le *Pré aux Clercs*, le champ clos où se vidaient les querelles. On a démoli le couvent des Théatins qui s'élevait à côté et que nous montre Van der Meulen dans ses gravures. Point de quais en pierre en ce temps-là : des bateaux amarrés à la rive, le terrain en pente descendant jusqu'à la Seine, le coche d'Auxerre longeant le quai du Louvre et les promeneurs se rencontrant et causant sur la berge.

Voici le pont des Arts! La Tour de Nesle s'élevait
là, la Tour de Nesle romantique. Le classique Institut
la remplace. Ainsi vont les choses. D'intrépides voya-
geurs, des touristes acharnés, des rivaux de Henri
Duveyrier, des émules de Grant ou de Speeke, après
avoir vu les cent mille parties du monde, ont avoué que
nul spectacle ne les avait plus complètement charmés,
attachés, qu'un coucher de soleil contemplé du pont
des Arts. L'éblouissement est prodigieux ; tout est
doré, le fond du ciel, les flèches d'églises. Tout flam-
boie, rayonne, poudroie. Le grand bâtiment du Louvre
se fond dans un nuage d'or. Au loin, du côté de la
Cité, les aiguilles de la Sainte-Chapelle, les vitraux,
les toits reflètent le couchant, étincellent à leur tour
et se constellent de paillettes lumineuses. L'eau coule,
rougie, pleine de chauds reflets. Les beaux paysages
dans ce Paris, qui prétend aimer seulement ou le
marbre ou la pierre !

Le *quai Malaquais*, c'est toujours la librairie et les
magasins de curiosités ; sur l'autre rive, au *quai des
Tuileries*, succède le *quai du Louvre*. C'est le Louvre et
rien de plus ; le *quai Conti*, c'est la Monnaie. La façade
de l'Hôtel l'emplit à peu près tout entier. Point de

physionomie particulière, un grand air majestueux et
froid. Proche le Pont-Neuf, cependant, en cet endroit
où jadis Brioché bâtit son théâtre, des maisons vieilles,
noires, caractéristiques, au sommet d'une desquelles
demeura, affirmait la légende, pauvre et ignoré, le petit
officier qui devait devenir « l'Empereur ».

Sur les parapets, en face de l'Hôtel des Monnaies,
les bouquinistes se renforcent des marchands de médailles. On aperçoit, en se penchant vers la Seine, les
saules du terre-plein du Pont-Neuf, les dentelures
bourgeoises d'un café-concert, en été de petits parterres, des roses. C'est là que les curieux, l'an passé, regardant la crue de la Seine, riaient en voyant les arbustes
noyés, les fleurs arrachées, les flots boueux du fleuve,
soudain grossis et pleins de remous menaçants. Ici est
le cap *Finistère* de l'île de la Cité. Les deux vieilles
maisons qui forment l'entrée de la place Dauphine
(Mme Roland naquit et grandit dans la maison de gauche, la maison du quai de l'Horloge) vont disparaître.
Elles ont sur leurs toits la pioche de Damoclès. On les
remplacera par un square. La perspective, en cet
endroit, sera bornée par les murs blancs de la nouvelle
préfecture de police. Mais a-t-on bien songé que l'on

défigurait Paris en touchant à cela ? Cette pointe d'île est comme le nez de la capitale. L'angle écrasé, les maisons démolies, c'est Paris devenu camard.

Les quais se multiplient. Suivons toujours la rive droite. Le *quai des Augustins*, avec ses maisons aux balcons historiés, gravement appuyées sur leurs pierres massives, ses boutiques étroites, assez noires, mystérieuses à demi, garde sa physionomie d'autrefois.

Point de bouquinistes sur les parapets, mais des libraires dans la plupart des rez-de-chaussée; librairies poudreuses et bizarres avec entassements de vieux livres et étalages éclectiques d'estampes. Les manuscrits et les missels y coudoient les gravures de Callot et les lithographies de Carle Vernet. On y trouve à la fois et des éditions des Elzévirs et des planches de Jean Both ou d'Abraham Bosse. Quiconque passerait son temps à *feuilleter* les quais de Paris comme on feuilléterait un livre aurait amassé, au bout de son année, plus de

science certainement qu'en suivant les cours du Collège
de France. La Science est, dans ces coins, à la porte de
ces maisons, tapie et comme aux aguets. Elle se jette
au cou du passant et le harponne. Qu'il entr'ouvre un
volume ou donne un coup d'œil à quelque image,
voilà une notion nouvelle qui lui entre dans l'esprit.

Les boulevards, c'est la vie
même de Paris et comme
son *petit journal*. Mais les
quais, c'est son passé, c'est
son histoire, c'est sa véritable
bibliothèque.

Le marché à la volaille,
la *Vallée*, ouvre ses portes et
montre son horloge à notre
droite. On l'a bâti sur l'emplacement du vieux Couvent
des Augustins, qui donna son nom à ce quai. En passant, on aperçoit régulièrement empilés des paniers,
prisons d'osier où les poulets jettent leurs cris comme
s'ils devinaient qu'ils vont au-devant du couteau.

Le *quai des Orfèvres*, en face, resplendit d'enseignes
et d'étalages. Les boutiques qui l'occupent encore disent

l'origine de son nom. Les ostensoirs éclatent, les calices rayonnent, les *accessoires* de l'Église et la vaisselle plate, les surtouts de table, les tabatières ciselées jettent feux et flammes. On se croirait sur ce pont de Florence où toutes les maisons sont des joailleries et où la boutique de Benvenuto Cellini existe encore. Une seule boutique ne met en montre que des objets rouillés, rongés, informes, c'est celle de M. Forgeais, un patient chercheur, qui, fouillant partout le lit de la Seine, a trouvé une multitude de médailles, outils, objets de toute sorte, presque tous en plomb, débris de la vie usuelle d'autrefois, dédaignés jadis, recherchés aujourd'hui par les musées, et sur lesquels M. Forgeais a déjà plusieurs volumes curieux.

Avec ses briques rouges et sa fière allure du dix-septième siècle, une maison entre toutes, sur ce quai, dresse sa façade parmi ses voisines, à la manière d'un *raffiné* qui, de la plume de son feutre et des crocs de ses moustaches, insulterait à nos habits bourgeois. Au fond, par-dessus la ligne brisée des toits, apparaissent les deux tours de Notre-Dame, et, se découpant sur le ciel, élégante et fine, la flèche de la Sainte-Chapelle, dorée, caressée de rayons, éblouissante sous le soleil, semble elle-même une orfèvrerie et comme le *chef-d'œuvre* de tous les joailliers du quai. Hélas! j'ai nommé Notre-Dame! Passons vite. En voyant la caserne haute, régulière, énorme bastille de pierre qui s'élève devant la vieille cathédrale et qui va l'emprisonner, je regrette toujours qu'on ait perdu de gaieté de cœur l'occasion qui s'offrait de dégager un des plus beaux monuments de Paris dans la plus belle perspective du monde.

Le *quai Saint-Michel* ne nous arrêtera pas longtemps. La place Saint-Michel est une façon de triangle, assez nu, souvent boueux, fort peu éclairé la nuit. On y voit la fontaine Saint-Michel, un pro-duit mal venu de notre architecture boiteuse. Un pas plus loin, c'est le quai *Montebello*,

décrété en 1811, mais exécuté seulement en 1840. Aux maisons à six étages et sans caractère succèdent les hautes constructions de l'Hôtel-Dieu. La place du Petit-Pont, où, en creusant bien, l'on retrouverait encore les fondations du Petit-Châtelet, arbore cette

enseigne : *Aux deux Pierrots,* où l'on peut voir la
trace des balles de juin 1848. Ici, sur cette place, la
bataille fut terrible. Les barricades se hérissaient
menaçantes. Les pavés remués puis remis en place ont
peut-être gardé des traces de sang. Je doute, au surplus, que vous découvriez un coin de Paris plus
lugubre. La Seine est resserrée entre les bâtiments de
l'Hôtel-Dieu, et, contrainte, coule attristée de baigner
ces murailles : des murailles grises presque menaçantes,
avec leurs grandes fenêtres grillées qui laissent vaguement apercevoir les carreaux bleus d'un matelas ou
les plis blancs d'un drap de malade. Froids et muets
dans les corps de logis de droite, impénétrables, dirait-on, les murs de l'Hôtel-Dieu sont, à notre gauche,
singulièrement éloquents et douloureux. Des têtes
pâles se montrent à travers les barreaux, regardant
d'un œil fixe le quai, où les passants sont rares. Des
tuyaux sortent des fenêtres, salissant les bâtiments de
leur fumée, laissant de noires traînées qu'on prendrait
pour des soupirs impurs de malades. Cette chose
sombre vomit, dans ce bras de Seine, les détritus de
l'agonie. C'est là seulement qu'en passant, on com-
prend quelle signification terrible a pour le pauvre ce

seul mot : *l'hôpital !* Sans doute, il sera soigné là-dedans
comme il ne le fut
jamais ; il sera guéri,
il sera sauvé ; mais
ce salut lui fait peur
et, contemplant ces
sombres arcades qui
se réfléchissent là,
dans le fleuve, il n'y
voit que l'horreur

de l'Hôtel-Dieu, qu'il prend, — le malheureux, —
pour la prison des agonisants.

On a remarqué qu'au temps où la Morgue se dres-
sait ici tout près, les suicides étaient plus fréquents aux
environs du Petit-Pont que partout ailleurs. Singulière
préoccupation ! ces gens, qui voulaient en finir avec la
vie, prenaient encore leurs précautions pour que leur
misérable corps ne séjournât pas trop longtemps dans
l'eau du fleuve.

Avec le *quai de la Tournelle,* nous trouvons les marchands de vins, les boulangers, les boutiques utiles.
Derrière ces vieux et nobles logis, aux toits d'ardoises,
— plutôt des hôtels seigneuriaux que des maisons, —

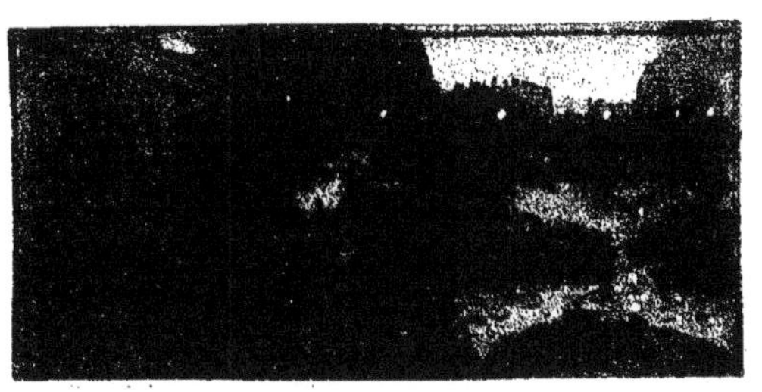

fermente le quartier populaire et populeux qu'il faut nourrir. A deux pas est la place Maubert. Puis la rue des Bernardins, le marché aux veaux avec ses arcades, ses piliers lourds et courts, son faux air de gibet de Montfaucon où, les jours ordinaires, je ne sais quels vieux linges semblent encore figurer les pendus. Ce quai, un moment, s'appela le quai des Miramiones. Mme de Miramion, celle que Bussy-Rabutin fit enlever et qui lui jura sur le Christ de ne l'épouser jamais, y avait fondé, pour les blessés et les jeunes filles pauvres, un couvent au dix-septième siècle, en 1646, je crois. La Révolution le supprima, et la maison des *Miramiones* est aujourd'hui la *Pharmacie centrale* des hôpitaux civils.

L'île Saint-Louis fait face au quai de la Tournelle. Le *quai d'Orléans*, calme, superbe, à demi désert, avec ses grandes portes closes, ses maisons muettes, son allure recueillie, semble d'un autre temps ou d'un autre

monde. Les toits des maisons sont bruns, les murs gris.
On se demande si les becs de gaz ne seraient pas des
réverbères. Mais quoi! les réverbères ne persistent-ils
point à demeurer là, à deux pas, sur la grève, résis-
tants, inébranlablement suspendus à leurs cordes et
éclairant la nuit les bateaux qui passent ou qui dorment
amarrés? Ce quai d'Orléans (il date de 1614, on le voit
de reste, et s'appela, pendant la Révolution, *quai de
l'Égalité*), et le *quai de Béthune* ou des Balcons, qui le
continue et le complète (à la prise de *Béthune*, on bap-
tisa Béthune le *quai du Dauphin*; en 1792, il devint le
quai de la Liberté), ces deux quais jumeaux sentent la
province. Ils ont je ne
sais quel apaisement sa-
tisfait. Leurs maisons
rêvent ou sommeillent.
A 9 heures du soir, en
ce quartier, tout le
monde est couché. Ver-
sailles a de tels aspects.
Une thébaïde véritable
pour un savant, pour
un philosophe. Et plus on avance, plus le quai est

silencieux, solitaire. Ce n'est plus alors la province, c'est — comment dirai-je ? — la banlieue. J'entends quelque chose de plus animé en apparence et pourtant de moins peuplé, de plus étrange.

C'est la Rapée, ce sera tout à l'heure Bercy. Des caves et des chantiers de bois, du vin et du charbon de terre. Les berges sont vastes, les maisons basses. Les chiens courent librement, on va baigner les chevaux à la rivière. Il n'y a pas quarante ans, ces terrains étaient presque vagues et comme abandonnés. Ils avaient eu pourtant leur moment de gloire. La Rapée ? Ce fut un lieu de plaisir, l'Asnières de la Restauration et de l'Empire. On y allait en partie fine, manger une *friture* et boire du *petit bleu* en compagnie de quelque grisette. En ce temps-là, la grisette vivait encore. Cela s'appelait la Rapée depuis Louis XV. M. de la Rapée y avait fait bâtir une façon de pavillon de Hanovre et avait

donné son nom au village, — — c'était un village.
La Rapée, aujourd'hui, est morte ; mais prononcez
ce nom devant quelqu'un de vos grands-oncles,
notaire ou juge de paix, quelque part, au fond
de votre département, il vous répondra, hochant la
tête, souriant et levant les yeux : « Ah ! la Rapée !
Les robes blanches et les goujons sautés dans la
poêle ! Les filles légères et les crêpes lourdes ! Le
code buissonnier et l'amour du dimanche !... » Mais
le temps a marché, les neiges d'antan sont fon-
dues, les crêpes se portent aux chapeaux, et les
grisettes ont rédigé leurs lettres de faire part. *Hic
jacent !*

Nous étions quai de la Tournelle. Au bout de quelques pas, l'ancien *Port aux vins*, le *quai Saint-Bernard*.
C'est encore un endroit « à part », un microcosme, le
petit monde des courtiers en vins, la capitale de la
France vinicole. C'est là encore que Paris centralise :
Bourgogne et Médoc y ont envoyé leurs représentants.
On aperçoit, le long du quai, à travers la grille, entre
des acacias, leurs petites maisonnettes de bois, unifor-
mes et jaunes. Un tuyau de poêle apparaît sur le toit ;
les cartons verts à poignées de cuivre reluisent par la

fenêtre entr'ouverte. Le nom de la maison de commerce
est inscrit au fronton du *monument*. C'est là que se font
des millions d'affaires. L'œil se repose sur des perspec-
tives arrondies de tonneaux. Quai Saint-Bernard, Jean
Raisin a ses docks. On aspire, en passant, une capiteuse

odeur de cuve et de spi-
ritueux. L'ivresse arrive-
rait vite à séjourner dans
cette atmosphère. En cet
endroit, la Seine est large,
le paysage parisien s'aère,
et, dans la perspective
maintenant étendue, l'Arsenal se dégage, — l'Arsenal,
un des bijoux de ce Paris, — et le Génie de la Bastille,
un pied en l'air, semble sauter à la corde sur le faîte
des maisons, tandis que, tout près, le boulevard Saint-
Germain commence sa vaste courbe qui doit finir au
pont de la Concorde.

Les rives, au surplus, deviennent désertes. Plus de
bâtiments. Le quai longe le Jardin des Plantes. Point
de murailles. Un grillage qui laisse apercevoir les allées
du jardin, les promeneurs, les enfants qui courent, les
vieux qui marchent lentement. Çà et là, à travers les

arbres, les cornes et les longues soies d'un yak, la robe
jaune d'une hémione, quelque cerf qui regarde et
s'enfuit tout à coup brusquement ; dans des cages,
des renards ou des loups. Par les soirs d'automne, ce
paysage prend je ne sais quel charme attristé et mysté-
rieux. Les pins, au vert déjà sali, se détachent sur la
forêt de branches dont on voit tournoyer et tomber
les feuilles jaunes. Le soleil rouge disparaît derrière les
arbres noirs avec des flamboiements terribles, des
couleurs bizarres, un choc de violet et de rose. Le
couchant, avec le vent piquant qui siffle, semble une

fournaise gelée. Déjà les allées, le fond du jardin, se
perdent dans une brume d'un bleu gris. Sur le quai, les
passants hâtent le pas, boutonnent sur leur poitrine
leur paletot, et l'on entend sortir du Jardin les hurlements des chiens prisonniers dans leurs niches.
A l'ouest, se dresse dans l'ombre Notre-Dame, comme
le fantôme d'un gigantesque Léviathan.

Les quais de Paris finissent, on peut le dire, au *quai
de Bercy* et au *quai d'Austerlitz.* Ce quai d'Austerlitz
s'appela aussi quai de l'Hôpital. Sur la grève, en 1814,
les Parisiens accoururent, un jour, portant de la charpie,
du linge, des provisions. De grands bateaux, remorqués
par des chevaux de fermiers, amenaient à Paris les
blessés de la bataille de Montereau. On entendait sortir
des cris de ces trains de mourants qui s'avançaient avec
lenteur. On voyait les chirurgiens, debout, soigner les
pauvres diables. Et sur la rive, les uns pleuraient, les
autres criaient vengeance. Les bateaux arrêtés, le peuple
fit la chaîne comme pour un incendie. Les blessés étaient
portés à bras d'hommes le long du quai, couchés sur
des matelas, pansés. Ils regardaient avec des yeux éga-
rés, mouraient de soif. Beaucoup, les jambes coupées,
juraient, suppliaient : « Achevez-moi! » Quand l'em-

pereur de Russie entra à Paris, on lui fit observer que ce quai s’appelait le quai d’Austerlitz, et le pont qui le reliait à l’autre rive, pont d’Austerlitz. Débaptiser le quai, rien de plus facile. On proposa à Alexandre de faire sauter le pont : « Non, répondit-il, c’est inutile, il suffira que mon armée passe dessus pour tout effacer! »

Une nuit de cette même et néfaste année 1814, un fiacre s’engagea dans les terrains incultes qui bordaient la Bièvre. Deux hommes en sortirent, tirèrent de la voiture un sac, l’ouvrirent et jetèrent dans un trou des ossements; puis ils refermèrent le trou, foulèrent la terre pour ne point laisser de trace et s’éloignèrent. Ces ossements, c’étaient ceux de Voltaire et de J.-J. Rousseau, nuitamment volés aux tombes du Panthéon (¹).

La prison de la garde nationale, l’*hôtel des Haricots*, qui donnait sur le quai d’Austerlitz, n’est plus qu’un souvenir. L’*Hôtel* a eu son historien; il avait trouvé déjà son poète et ses peintres. A quelques pas de là, la place Valhubert mène du pont d’Austerlitz au boulevard de l’Hôpital et à je ne sais quel vestibule en plein air de la Salpêtrière.

(¹) Vieille légende. Nous avons assisté à l’ouverture des tombeaux. Ils n’étaient pas vides.

Est-ce bien une place? Il est de ces coins de Paris qui n'ont point de nom et qui ont une âme; car ils vivent de leur vie propre, n'en doutez pas. Des arbres rangés en file, l'air triste, de l'herbe à leurs pieds, un peu jaune, de petites murailles tout autour; au fond, la grande porte de la Salpêtrière et la perspective des cours de l'hôpital. Oui, c'est une place, mais quelque chose comme une place de province, abandonnée et ignorée, une place comme il y en a à Bruges, déserte et sombre. Bruges, c'est Bruges en effet. Vous regardez la coupole ronde et noire, les cheminées rouges de l'hôpital, ces bâtiments qui se découpent sur le ciel de façon bizarre. Certes, ce n'est point Paris. C'est le quartier perdu d'une ville flamande; il semble que, tout à l'heure, quelque sautillant carillon va passer à travers ces pauvres arbres grêles, jouant rapidement un air de Meyerbeer transformé en *sauteuse*. Autour de vous, de pauvres vieilles, assises sur les bancs ou marchant péniblement, complètent l'illusion. Leurs châles noirs, leurs robes à grands plis ont les allures rectilignes des manteaux du Nord, de la *faille* des Flandres. Elles sont vieilles et cassées; elles rôdent autour de l'hôpital, leur dernier asile, où leur lit de mort est marqué, comme

QUAI VOLTAIRE

les béguines de là-bas autour du Béguinage. Elles sont chancelantes, ridées, s'appuient sur une canne ou sur un parapluie, se traînent deux à deux moins par amitié que par égoïsme, pour ne point trébucher, pour résister au vent qui souffle si fort et ferait tomber les vieilles gens comme il fait tomber les vieilles feuilles. On ne les entend point parler. Sans doute elles rêvent. Que de misères inoubliées, que de douleurs, quels romans qu'on ne saura jamais, dans ces pauvres femmes courbées par le temps et qui n'ont plus que la taille d'un enfant! Ce sont les « reposantes » de la place ignorée. On les voit, le soir venu, quand il faut rentrer, la traverser lentement, péniblement. A deux pas de là, faisant galoper son cheval, un maquignon passe en sifflant, revenant du Marché, et les pauvres vieilles, hors d'atteinte, se garent pourtant comme si le danger venait droit à elles. Elles connaissent la vie : elles savent qu'il y a des dangers partout.

Cette mélancolique physionomie commence pourtant à s'éclaircir. Sans parler des marchandes de friandises rangées devant la grille du jardin, d'un chalet-café et de boutiques foraines qui entretiennent là, tout le jour, une certaine animation, la gare du chemin de fer

d'Orléans est devenue la cause et le but d'un mouvement de circulation qui va sans cesse grandissant.

Nous avons laissé de côté les quais de la rive droite et ceux qui longent les îles de la Cité et de Saint-Louis. En repartant du Pont-Neuf, en deux pas, nous aurons atteint le *quai de l'Horloge.* C'est un des quais de Paris les plus vieux, les plus lourdement chargés de souvenirs. La première horloge qu'on vit en France y fut construite, et c'est là que retentit le premier signal de la Saint-Barthélemy. Les opticiens, les lunettiers, les photographes ont pris d'assaut le quai de l'Horloge. Au loin, les tourelles rondes de la Conciergerie font, comme des écailles noires, briller leurs ardoises. Les tourelles s'en vont et avec elles les silhouettes bizarres! Regardez la maison qui fait l'angle du côté du Pont-Neuf; là, au deuxième étage, est née, a vécu, jeune fille, celle qui fut plus tard Mme Roland. C'est là qu'elle écrivait aux demoiselles Cannet ses lettres si charmantes.

Lorsque condamnée, tout près d'ici, au Tribunal révolutionnaire, elle sortit de la Conciergerie pour aller à la mort, elle put, en passant sur l'autre quai, jeter un dernier regard à la tranquille demeure où s'était écoulée sa jeunesse. Le *quai de la Mégisserie*, le *quai de Gesvres*, le *quai Pelletier*, qui font face au quai de l'Horloge, datent d'hier. Les vieilles maisons, une fois démolies, voici les constructions régulières, massives, imposantes, dont quelques-unes ont pour caves les vieux cachots du fort l'Évêque, — ruches humaines, ruches de pierre, où les abeilles font leur miel en égoïstes et ne se connaissent pas.

Le joli quai, ce *quai aux Fleurs*, qui succède au quai de l'Horloge, délicieux quand le visitent ses *habitants*, les roses, les marguerites, tout ce qui sourit et embaume. Pauvre Paris, voilà ton parterre! Ici, les fuchsias poussent dans des pots et montrent leurs rouges clochettes; là les résédas, rangés en lignes inflexibles comme des bataillons de soldats prussiens, attendent l'acheteur, la petite main de l'ouvrière qui les emportera pour parfumer le logis! Nous n'avons pas le temps de les respirer; elles vont partir bien vite, se disperser et se faner. J'en sais beaucoup qui finiront par le ruisseau, comme tant d'autres fleurs parisiennes.

Le *quai de la Grève* n'est plus, en quelque façon, que la place même de l'Hôtel-de-Ville; le *quai des Ormes* et le *quai Saint-Paul*, avec leurs anciennes maisons, en partie lézardées, regardent, comme attendris, le *quai Bourbon* et le vieux *quai d'Anjou*, de l'air d'un bonhomme qui dirait : « Compères, avons-nous vu de choses! »

Ils ne voient plus que les bons bourgeois qui se rendent, le soir, à la promenade, ou les ouvriers qui, le matin, vont à l'ouvrage.

Sur le quai d'Anjou, muet maintenant, l'hôtel Lam-

bert, portes closes, ne s'ouvre que pour la fête des opprimés, et l'hôtel Lauzun ou Pimodan regrette les anciennes gaietés, les nuits illuminées, les journées brillantes, le temps qui n'est plus, — qui jamais ne sera plus, *never, oh! never more!*

Vis-à-vis, le *quai des Célestins* commence par l'ancien hôtel de la Vieuville, affecté à un établissement d'eau clarifiée, et se termine par l'ancien hôtel Fieubet, que le propriétaire actuel, M. de la Valette, a fait restaurer et agrandir avec plus de profusion que de goût.

Le *quai Henri IV*, solitaire et délaissé, comme

l'ancienne île Louviers dont il occupe le rivage,
prolonge la ligne des quais jusqu'à l'embouchure du
canal Saint-Martin. Le pont d'Austerlitz la sépare du
quai de la Rapée.

QUAI DE BERCY

Ces quais ! J'en sais un que j'ai oublié, le *quai Napoléon* (*ancien quai de la Cité*), d'où l'on apercevait, sombres
et noires, tortueuses, sales, les maisons fuligineuses, un
ruisseau au milieu de la rue, — ces vieux carrefours du
Moyen Age, la rue des Ursins, et, à travers les étroites
fissures des ruelles, au-dessus des maisons, la flèche de
Notre-Dame; çà et là quelque coin de sculpture gothi-
que, une arête, une gargouille. Cela sentait le clergé
d'autrefois, et l'on aurait dit qu'un autre Claude Frollo
avait fait d'une de ces demeures *sa carapace*. On voit
sur ce quai une maison reconstruite depuis peu qui fut,
dit-on, la maison d'Héloïse. Deux médaillons sans caractère se regardent sur la façade, comme sur les pendules
de 1820 Malek-Abel regardait Mathilde. Je crois peu à

— 30 —

certaines maisons historiques non plus qu'à bien des anecdotes controuvées. Encore un pas, — ô Abélard, quelle antithèse! — nous atteignons la Morgue, la nouvelle Morgue, aussi propre et engageante que l'autre, *la petite maison des cadavres,* était sinistre et repoussante. On dirait d'un magasin de nouveautés (nouveau modèle) ou d'une halle (style moderne), d'où sortent incessamment, où, du matin au soir, entrent les acheteurs. Un petit jardin mal soigné fait face, où fut jadis l'archevêché. Cela est calme, silencieux, religieux, endormi, comme une place de petite ville allemande. Les gens qui s'y reposent ont l'air d'y prier. Ils regardent le sable et paraissent marmotter leurs patenôtres. Et tout justement après les quais n'ai-je point à visiter les places ?

II

LES PLACES PUBLIQUES

A *place publique*, à Paris, n'a jamais joué le rôle important du *forum* dans les villes de l'antiquité. Ou, s'il est un forum parisien, lieu de réunion populaire, tête et cœur de la cité, c'est assurément la place de l'Hôtel-de-Ville.

La place de l'Hôtel-de-Ville ! La *place de Grève !* Un

nom sinistre, évoquant soudain tout un sanglant et douloureux cortège de victimes et de bourreaux ! Un nom
redoutable, qui sent l'insurrection et la révolte, et qu'on
jetait tout haut comme un mot de ralliement, comme
une protestation et comme une menace. Le nom en est
resté dans la langue ouvrière : *Faire grève*. L'aspect du
lieu était sombre ; de tristes arcades, le terrain descendant, par une déclivité rapide, jusqu'à la Seine qui
roulait ses eaux jaunies ; des industries bizarres, des
revendeurs de linge et de vêtements usés, quelque chose
comme la place Maubert du Moyen Age. Au milieu,
une croix de pierre sans image et sans pitié. Il se faisait
autour d'elle de houleuses assemblées. Toutes les fois
que l'émeute gronde à travers l'histoire de ces siècles de
sang, elle commence où elle finit trop souvent : — en
place de Grève. Les Maillotins partent de là ; Étienne
Marcel y établit son quartier général ; c'est de là qu'il
parle et qu'il menace. L'histoire de la place de Grève,
c'est encore l'histoire de la Fronde, et ses pavés étaient
de toutes les barricades si ses fenêtres étaient de tous
les échafauds. Devenue place de l'Hôtel-de-Ville, elle
garda son rôle ; où l'émeute était née, vint défiler la
Révolution naissante. On partit de là pour prendre la

Bastille; la Bastille prise, on y revint. Que de drames se sont joués devant cette porte! Et si ces pierres pouvaient parler! On la voit, cette place de l'Hôtel-de-Ville, dans toutes les gravures du temps de la

PONT NOTRE-DAME

Révolution, fourmillante de têtes, grouillante d'hommes et de femmes, hurlante de cris, avec cette fameuse lanterne au-dessus de la houle humaine, la lanterne que Desmoulins faisait discourir.

Elle se balançait en face de ce monument de pierre où, sans se lasser jamais, travailla l'infatigable et terrible

Commune de Paris. Qu'ils étaient farouches et sombres, ces hommes de fer! Pétion nous les a montrés,
en ses *Mémoires*, dormant sur le plancher, leur œuvre
finie, avec des sabots aux pieds. Ils étaient vêtus de
bure et parlaient de façon singulière. Les murailles
de l'Hôtel-de-Ville entendaient parfois des phrases
bizarres. L'abbé Morellet, qui se moque si spirituelle-
ment de la comédie *de la demande de certificat de civisme*,
et qui devait la conter si bien, le soir, chez Mme de
Beauvau, « en tiers avec elle et Mme de Poix », ,
rapporte en riant qu'un patriote, aux applaudissements
de la foule, s'écriait avec fierté : « *Citoyens, j'ai t'été à
l'armée, j'ai t'eu une blessure que la v'là!* » Et de rire.
Parbleu, vous aviez raison, l'abbé, et l'on ne parle pas
de la sorte en vos académies, mais ces ignorants-là
et ces ânes bâtés sauvaient la France! Un jour, les
habitants du quartier virent, entre deux files de
soldats, sortir lentement ceux qui avaient fait trembler
Paris, — mais avec Paris, le monde. Ils se deman-
dèrent ce que cela voulait dire, et l'on put leur
répondre : « C'est la clémence qui passe. La Commune marche à l'échafaud béni par Notre-Dame de
Thermidor! »

PLACE DU PALAIS-ROYAL

La place aujourd'hui n'a rien de funèbre; elle est vaste, jusqu'à en paraître déserte, pleine d'air, avec un horizon sur Notre-Dame dont la silhouette coupe le ciel au-dessus des maisons du quai; des candélabres historiés et dorés; du sable au lieu de pavé. Elle s'est faite coquette et elle minaude pour ressembler aux squares officiels. Mais la nuit, quand le ciel est noir et que le vent souffle à son aise à travers la place élargie, il semble qu'il s'élève de là comme une immense voix dolente et que la plainte des morts forme un triste murmure où se mêlent les cris du martyr brûlé vif et de l'assassin mis sur la roue, les hurlements de Cartouche et les râles lugubres du pauvre Damiens. Que de supplices, que de morts, que de sang! Nobles et vilains, manants et bourgeois, hommes et femmes, celui qui tue son ennemi et celui qui défend son droit, les révoltés et les empoisonneurs, Marguerite Parette l'hérésiarque et Leonora Galigaï la magicienne. Cherchez bien, il y a du sang de Lally-Tollendal et du sang de Favras autour de vous, du sang d'Aréna et de Topino-Lebrun; il y a du sang des quatre sergents de La Rochelle.

Le 8 septembre 1830, le peuple de Paris vint en

Grève solennellement et y signa une pétition pour
l'abolition de la peine de mort à l'endroit même où étaient
tombées les têtes de Bories, de Raoulx, de Goubin et
de Pommier. Chassée de la place de Grève, la guillotine
se réfugia où elle put, place Saint-Jacques, place de la
Roquette. Elle n'ose plus, du moins en plein jour, relever
ses rouges et maigres bras.

Il est banal de déclarer que la place de la Concorde
est la plus belle place du monde, — une des plus
belles si l'on veut. Pour moi, la place de la Seigneu-
rie, à Florence, avec son irrégularité harmonieuse,
sa fontaine et sa loge des Lanzi, son Persée et ses
antiques, son colossal et superbe palais, est plus admirable que cette place de la Concorde, quelque magis-
tralement ordonnée et agencée qu'elle soit selon les
règles du beau.

Elle dut s'appeler tout d'abord la *place du Roi* ; le
roi, c'était alors *le Bien-Aimé*. Malade à Metz, on l'avait
cru perdu. Il eût mieux fait cent fois d'y mourir, pour
sa gloire et le bonheur des siens. Mais *Louis le Bien-
Aimé* tenait à devenir *Louis XV*. A peine rétabli,
— tandis qu'il masquait misérablement, en manière
d'*ex-voto*, un des beaux monuments gothiques de notre

PLACE DE LA CONCORDE

France, la cathédrale de Metz, derrière un lourd portique pseudo-corinthien, — les échevins de Paris lui votèrent une statue équestre, et le roi voulut que l'on construisît une place tout exprès pour la statue. Que de statues de rois nous allons rencontrer dans cette monographie de nos places publiques! L'architecte Gabriel avait été chargé de la conduite et de l'inspection des travaux de la place. Bouchardon dépensa douze ans à parfaire la statue et ne l'acheva pas. Pigalle y mit la dernière main. Le 20 juin 1763, fut inauguré le chef-d'œuvre. Louis XV, à cheval, vêtu — ou déshabillé — à la romaine, le front ceint de lauriers, caracolait comme tous les héros passés et futurs. La Force, la Prudence, la Justice et la Paix entouraient le

monarque. On connaît l'épigramme crayonnée sur le
piédestal de marbre blanc :

Oh! la belle statue! oh! le beau piédestal!
Les vertus sont à pied, le vice est à cheval!

Et la place, commencée en 1748, n'était point encore
terminée. Gabriel, l'architecte, cherchait, perfectionnait
toujours. Il entoura la statue de fossés au fond desquels
les gardiens avaient le droit de jardiner tout à leur
aise. Il construisit, pour remplir le vide de cette place
immense, deux bâtiments à arcades sculptées, — deux
palais en miniature où l'on se proposait de loger les
ambassadeurs étrangers, les hauts dignitaires en voyage,
— deux pavillons qui devaient à peu près jouer le rôle
des douze pavillons de Marly.

Le 30 mai 1770, on célébrait, sur la *place Louis XV*,
le mariage du dauphin et de Marie-Antoinette, archi-
duchesse d'Autriche. Le feu est partout — il a été de
tout temps — un signe d'allégresse. On tirait donc un
feu d'artifice. Le bouquet parti, la foule veut se retirer.
Mais du côté de la rue Royale que l'on construisait,
des échafaudages barrent le chemin. De l'autre côté,
un bac permettait seul de traverser la Seine. On se

presse, on se heurte. Il y a çà et là quelques cris et quelques blessés. Soudain, une terreur panique, un effroi magnétique, un vent de peur parcourt, remue, fait onduler et frémir cette foule. On s'écrie, on se repousse, on veut fuir, on s'écrase. Il faisait un temps sombre, et, dans cette obscurité, chacun se déchirant, tous luttant, les uns à coups de poing, les autres avec leurs épées, avec leurs couteaux, avec leurs ongles, cherchaient un chemin dans cette chair. Qui tombait ne se relevait plus. Les cadavres s'entassaient, s'aplatissaient dans les rigoles, dans les trous, contre les pierres de taille. C'était un amas de corps étouffés. On sait l'histoire de ce jeune homme qui arrache une femme, sa fiancée, de cette tuerie, s'ouvre un passage, l'emporte vers la berge, la dépose à terre, regarde et reconnaît qu'il a sauvé une étrangère.

« J'ai vu, dit Mercier, qui était là, plusieurs personnes languir pendant trente mois des suites de cette presse épouvantable, porter sur leurs corps l'empreinte des objets qui les avaient comprimés. D'autres ont

achevé de mourir au bout de dix années. Cette presse
coûta la vie à plus de douze cents infortunés. Une
famille entière disparut; point de maison qui n'eût à
pleurer un enfant ou un ami. »

La place Louis XV a vu bien d'autres drames, et elle
allait bientôt s'appeler la place de la Révolution. On
allait piller le garde-meuble et cette dévastation devait
fournir à Prudhomme une page nerveuse et colorée.

En 92, la statue de Louis XV était renversée,
Louis XVI mourait sur l'échafaud élevé là, le 21 jan-
vier 1793. Combien allaient y monter après lui! La reine
et Mme Roland, Olympe de Gouges et Charlotte Corday,
le duc d'Orléans et les Girondins, Anacharsis Clootz
rêvant la liberté du genre humain et Fabre d'Églantine
regrettant sa comédie inachevée! Que de noms, les plus
glorieux et les plus grands! Danton qui dit : « Montre
ma tête au peuple », et Camille Desmoulins qui répète :
« N'ai-je pas fait la Révolution? » Tous, les hébertistes
et les royalistes, les enragés et les réactionnaires, les
meilleurs, les plus purs. La Révolution se saigne à blanc
chaque jour. Et parmi les spectateurs, dans cette foule
mêlée qui vocifère, parmi les tricoteuses et les abonnés,
les ennemis de la liberté applaudissent tout bas, songeant

que *c'en est un de moins.* Puis, un beau jour enfin, la République se décapite elle-même. Rome n'est plus. La statue de la Liberté va être démolie. Dans le globe qu'elle tenait à la main, on découvrit un nid de colombes. Il y avait longtemps qu'elles vivaient là paisibles. La pioche les chassait. Elles s'enfuirent.

La place de la Révolution, devenue place de la Concorde (26 octobre 1795), attendait toujours une décoration lorsque, en 1829, le baron d'Haussez, ministre de la marine, adressa à Charles X un rapport où, mettant en avant la bonne volonté de Méhémet-Ali, il engageait Sa Majesté à aller chercher à Luxor une de ces fameuses *aiguilles de Cléopâtre,* « que le vice-roi se ferait un plaisir de laisser emporter par le *roi des Francs* ». Charles X approuva, on construisit même tout exprès un navire pour le transport de l'obélisque et le navire s'appela le *Luxor.* Mais l'obélisque ne devait arriver à Paris que sous le règne de Louis-Philippe, en décembre 1833, et l'érection du monolithe sur sa base eut seulement lieu deux ans après, 25 octobre 1835. L'opération est figurée sur le piédestal et l'on peut trouver la description de la cérémonie dans l'ouvrage de M. Hippolyte Le Bas, l'ingénieur chargé de l'opération. Des livres spéciaux nous ont transmis les dessins des échafaudages qu'on éleva à Rome, lors de l'érection de l'obélisque sur la place Saint-Pierre. L'ouvrage de M. Le Bas ne sera, plus tard, ni moins remarqué ni moins étudié.

Pauvre obélisque ! Je m'imagine tout ce qu'il doit souffrir à n'entendre plus que les petits cris des moineaux francs, lui, le solitaire où se perchaient, comme des stylites, les grêles ibis. Un poète a chanté les nostalgies des obélisques. Si les choses ont des larmes, comme l'a affirmé — et deviné — Virgile, notre obélisque doit souvent pleurer. Ce n'est plus le ciel bleu, la nuit sereine, la calme étendue, le majestueux silence. C'est le bruit, la foule torrentueuse, les coupés et les calèches, les nuages de poudre de riz, les cris des cochers, la poussière qui aveugle, la boue qui salit, cette boue des villes corrosive, et, comme dit quelque part dans *Notre-Dame* le maigre Pierre Gringoire, *particulièrement puante*.

PLACE DES VOSGES

Encore si sa prison était l'honnête place Royale,
reposée, retirée, assoupie !

Avec ses larges maisons aux pierres rouges, aux
vastes toits d'ardoise, soutenues par d'élégantes arcades,
la place Royale est de toutes les places de Paris celle
dont la physionomie est à la fois la plus curieuse et la
plus charmante. On aperçoit de loin — du boulevard
Beaumarchais — la maison qui fait le coin de la rue
des Vosges; quelque pas encore, et tout à coup, en
avançant, on a reculé de deux siècles. Ce n'est plus le
Paris d'aujourd'hui, c'est le Paris de Louis XIII; l'heure
des raffinés va, dirait-on, sonner de nouveau, et de
ces maisons closes va sortir assurément tout un cortège
de seigneurs élégants et de grandes dames aux robes
traînantes.

Les pourpoints de velours et les jupes de soie, les
plumes et les dentelles, les feutres galamment retroussés,
les épées fièrement redressées, M. d'Aumont et M. de
Pisani, Mme de Montansier et Mlle de Polalion, Cinq-Mars
appuyé sur le bras de Thou, le Père Joseph en robe grise
qui va rejoindre l'Éminence rouge, tout un siècle — et
quel siècle ! Il est là, vivant encore; ou plutôt, fantôme,
il revient hanter ces galeries où il aimait, où il riait,

paradait, menaçait, jetait ses baisers à la brise, et du même coup mettait flamberge au vent. Passions éteintes, défuntes élégances! La mousse verdit les balcons où se penchait la dame, où le galant grimpait; à cette fenêtre qui s'ouvre, ce n'est pas Marion qui va paraître, mais un bon bourgeois enveloppé de flanelle qui regarde en toussant les degrés de la température à son thermomètre accroché là. Ce n'est plus le maréchal de Biron ou le maréchal de Roquelaure, ou le maréchal de La Force, ou M. de Bellegarde, qui parlent combats et rencontres en traversant la place; c'est le fantassin en gros souliers, le cavalier qui vient d'étriller sa bête, l'humble soldat qui se promène, rôdant autour de la bonne d'enfants en bonnet et tablier blancs. Qu'en dirais-tu, Ninon?

Mes belles amoureuses, mes guerroyeurs en manchettes, tout est fini maintenant! Votre jardin est un *square.* Où Desportes récitait ses vers, un petit libraire vend ses chansons. Malherbe *revient,* les lèvres chargées d'odes. Hélas! sous les arcades, un gamin passe en sifflant le refrain à la mode, et au poète qui s'écrie :

> Elle était de ce monde où les plus belles choses
> Ont le pire destin

l'écho répond :

> La belle Vénus!...
> La Vénus aux carottes!

Vos arcades fameuses — où Pierre Corneille, qui n'avait pas encore écrit *Médée,* plaça la scène d'une de ses comédies (elle s'appelait parbleu bien la *Place Royale,* et souleva de belles clameurs, surtout parmi les femmes, qui s'y trouvaient un peu trop sévèrement raillées), — ces arcades où votre luxe ruisselait, où pétillait votre esprit, où grondaient vos colères, où chantaient vos amours, des fruitiers, des corsetières, des marchands de tabacs, des ébénistes, des revendeurs, les ont prises d'assaut. Là, sur ces poteaux où Mlle Marcelle écrivait peut-être, afin que l'ingrat M. de Guise, en se promenant, pût la lire, sa chanson de mort, — car alors on mourait d'amour ; — ils ont fait peindre en lettres noires, en lettres bleues, en lettres rouges : *Un tel horloger, un tel gantier, un tel tailleur.* Ah ! Monsieur d'Estrées, Monsieur de Turin, Monsieur de Joyeuse! Ah ! Monsieur de Luneterre, *è finita la musica !* Les lauriers sont coupés et les beaux jours éteints !... *Ah ! le bon billet qu'a La Châtre !*

Du côté de la rue Royale pourtant, la place Royale semble avoir voulu résister à l'envahissement des petites boutiques. Elle est triste par là, sombre comme une prison; ses fenêtres ont des barreaux, ses portes paraissent sourdes, à jamais fermées; des passants rares, quelque grande chose d'abandonné, de sacrifié. On se croirait vraiment en quelque cloître. Les pierres sont noires, la voûte se fendille, il y a partout de la rouille

et de la poussière. La place modifiée semble en cette partie protester contre le présent. Elle est là telle qu'autrefois; ses vastes cours n'ont point changé. Elle s'ennuie, mais elle ne se rend pas.

Les *militaires* et les petits bourgeois, les nourrices et les rentières ont, pour

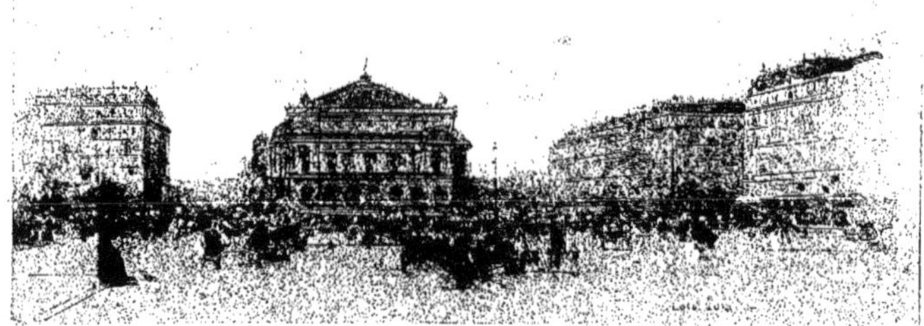

s'asseoir, pour prendre le soleil, les bancs du jardin. Ici, comme partout où il y a du ciel et de l'herbe, on rencontre des enfants et des vieillards. Ceux qui ne connaissent pas la vie et ceux qui la connaissent trop se réunissent dans un même sentiment : l'amour des fleurs et celui des bêtes. Mais tandis que l'enfant dévaste et frappe, les vieux — ils savent ce que valent une caresse et un parfum — replantent la rose arrachée ou pansent le chien battu.

Au centre du jardin, un Louis XIII en marbre blanc parade sur un cheval, à quelques pas d'un bassin. La statue est de Dupaty et Cortot. C'est un excellent exemplaire de la plus déplorable statuaire. Le Roi, régulièrement peigné, semble sortir des mains de son perruquier; ses moustaches se redressent géométriquement sur sa lèvre supérieure. Nulle expression.

Point de caractère. Le ventre du cheval s'appuie
piteusement sur un tronc d'arbre. Aucune inscription
sur le socle. Les habitués en uniforme qui viennent,
place Royale, oublier les heures de la caserne, prennent
généralement ce Louis XIII pour un guerrier romain
ou un maréchal de France. La statue, au surplus, est
à peine visible, entourée, cachée par des arbres. Les
feuilles, croirait-on, voudraient dérober au public
l'œuvre de Dupaty. Ces feuilles ont du goût.

La belle promenade pourtant que cette place! et
qu'il fait bon aller rêver sous ses arcades! On y
marche, faisant envoler des souvenirs, comme on
feuilleterait un livre. A chaque pas, une chronique, une
histoire, de ces belles histoires de cape et d'épée qui,
pour nous, ressemblent à des légendes. Ces briques
rouges, ces ardoises qui s'écaillent, ces pierres qui
s'effritent, s'animent et parlent. Au crépuscule, dans
l'ombre indécise, on aperçoit parfois, comme au fond d'un
couloir de couvent, se dessiner de vagues silhouettes;
on hâte sa marche pour bien voir si ce n'est pas la
litière du cardinal qu'on aperçoit dans l'ombre, ou si
ces gens attardés ne vont pas, la dague au poing, vider
quelque affaire d'honneur sous la fenêtre de leur dame.

Il faudrait un volume entier pour raconter l'aventureuse et l'élégante place Royale. Mais, déjà le tableau en a été rapidement tracé par François-Victor Hugo avec l'émotion d'un homme qui a passé là quelques-unes de ses plus jeunes et de ses meilleures années.

Là, fut jadis l'hôtel du Roi, l'hôtel des Tournelles, ce palais formidable et charmant, menaçant au dehors, magnifique au dedans. Le chancelier Pierre d'Orgemont l'avait fait rebâtir tout exprès, disait-on, pour que son fils, qui fut évêque de Paris, le vendît au frère du roi Charles V. Les Tournelles allaient devenir l'habitation des rois de France, mais auparavant fallait-il que le duc de Bedford y tînt garnison pour le compte du roi d'Angleterre. Louis XII mourut en l'hôtel des Tournelles. Ce fut là qu'eut lieu ce tournoi où fut tué Henri II par le capitaine de la garde écossaise. Catherine de Médicis s'en prit au théâtre du meurtre en attendant qu'elle se vengeât du meurtrier. Le palais fut abandonné, puis démoli. Le terrain qu'il occupait devint un marché aux chevaux, et les *raffinés d'honneur* s'y donnaient rendez-vous pour vider, la dague et l'épée au poing, leurs terribles ou futiles querelles. On se battait pour un mot, pour un signe, pour la couleur d'un pourpoint, pour le nœud d'un ruban, « pour rien, pour le plaisir ». On se tuait pour tuer le temps. C'était aussi le moment des haines farouches. Ce terrible seizième siècle se présente armé jusqu'aux dents devant l'histoire.

Un matin d'avril 1578, mignons et guisards se rencontrèrent aux Tournelles. Il y eut de furieux coups d'épée. Schomberg, Ribérac, d'Entraigues contre Livarot, Quélus et Maugiron. Quélus, la femmelette, reçut dix-neuf blessures et ne mourut qu'un mois après. On emporta d'Entraigues et Livarot, qui devaient réchapper par miracle ; Ribérac n'en avait pas pour douze heures, mais il avait pu voir mourir Maugiron et Schomberg.

> Que Dieu reçoive en son giron
> Quélus, Schomberg et Maugiron !

La place Royale devait commencer comme elle finit, par la bourgeoisie. Ce furent des marchands de soie qui, sous le règne d'Henri IV, et sur l'emplacement de ce champ clos, bâtirent, pour y loger leurs magasins, une rangée de maisons mi-partie briques et pierres. On en

trouva l'effet vraiment merveilleux. Le roi voulut que la rangée isolée devînt une place, et la *place Royale* sortit de terre. Elle allait être bientôt le cœur de Paris, son cerveau tout au moins, le lieu de réunion du *tout Paris* éternel, ce centre vagabond de la ville qui se déplace selon le temps, suit la mode et, quittant les boulevards, remonte en ce moment vers les Champs-Élysées et vers Beaujon. Interrogez ces galeries, ces vieilles maisons ;

leur histoire fut notre histoire. Ninon de Lenclos logeait ici, là-bas Marion Delorme. Mme de Sévigné y naquit, Dangeau y écrivit. Chapelle et Bachaumont s'y donnaient rendez-vous. La place vit un jour une fête superbe. C'était en 1612. On venait de signer la paix avec le roi d'Espagne. Marie de Médicis voulut la célébrer dignement. Un palais s'élève, le *Palais de la Félicité*, et un défilé s'organise. Les *défilés* du bal de la Marine ou autres ne se connaissaient point, je gage, d'aussi nobles aïeux. Deux mille *figurants*, et parmi eux les plus élégants et les mieux titrés, prirent part à la mascarade héroïque. Il y eut des cavalcades et des passes d'armes. Les tenants s'appelaient Lysandre, Alphée, Argant, Léontide, Alcindor, et conduisaient leurs hommes d'armes. Sur les échafaudages, la cour tout entière en riches costumes ; toutes parées, les dames se montraient M. le prince de Conti qui chevauchait derrière l'Olympe, le duc de Vendôme à la tête des *chevaliers du Lys*, M. le baron d'Uxelles sous l'armure d'Amadis de Gaule, Henry de Montmorency dans le costume de Persée... Après les *chevaliers de la Fidélité*, conduits par M. de Retz, les *quatre vents* devaient venir. L'ordonnateur faisait l'appel. « M. le chevalier de Balaquez, qui représente le quatrième vent,

est-il donc absent ? — Eh ! fit le duc de Longueville,
savez-vous point que le chevalier a été tué en duel, voilà
trois jours ! » Et le cortège n'en continuait pas moins
à défiler. Et pendant deux jours, deux jours entiers,
la mythologie galante déploya ses fastes, ses dorures,
ses plumets, ses soieries, *sub sole crudo,* en plein soleil.

Cette comédie une fois jouée place Royale, le
drame reprend ses droits. A vingt-sept ans, François
de Montmorency, seigneur de Boutteville, était illustre,
réputé pour sa bravoure ; on l'avait vu combattre un
peu partout, en Languedoc, en Saintonge, à la prise
de Saint-Jean-d'Angély. On l'avait, au siège de Mon-
tauban, retiré vivant d'une mine. Il aimait le danger
pour le danger, et quand la bataille chômait, il se
donnait le passe-temps du duel. Il se battait malgré les
arrêts, malgré le roi, malgré le Cardinal, malgré Dieu,
malgré le diable. Il s'était battu le jour de Pâques, en
1624, avec Pongibault ; il venait de tuer le comte de
Thorigny derrière l'enclos des Chartreux. La Frelle lui
reproche de ne l'avoir point choisi pour second.
Nécessairement il faut se battre avec La Frelle. On se bat.
La Frelle est blessé. Boutteville se réfugie à Bruxelles,
et on lui refuse obstinément des lettres d'abolition

pour le passé. « Eh bien, s'écria Boutteville, puisque le Roi me refuse toute chose, j'irai me battre à Paris, dans la place Royale! » Il le fit comme il le dit, avec Des Chapelles pour second, contre le marquis de Beuvron, parent de Thorigny, et Bussy d'Amboise. Beuvron et Boutteville se battaient à l'épée, ne pouvaient se toucher; alors ils jettent ces armes, prennent leur poignard, se collettent et vont s'égorger sans plus de façons. « Bah! je vous rends la vie, dit Boutteville. — J'en fais autant, dit Beuvron. » En ce moment, Des Chapelles remettait au fourreau l'épée qui venait de tuer Bussy d'Amboise. Il fallut fuir, ils essayèrent de gagner la Lorraine. La maréchaussée les arrêta. C'était la mort. Ils la subirent fièrement. Mme de Boutteville enceinte, la duchesse de Pompadour, la princesse de Condé avaient supplié le Roi, pleuré à ses pieds. Louis XIII se contenta de répondre : « Leur perte m'est aussi sensible qu'à vous, mais ma conscience me défend de leur pardonner. » Derrière le pâle visage du monarque, il y avait, roide et sévère, la figure de Richelieu, inflexible et calme comme la Loi.

Le cardinal ministre, comme une ironie peut-être, avait fait élever, en 1669, une statue à son triste sire, au milieu même de la place Royale. La place Royale devenue la place des Fédérés en 92, la statue fut renversée. Elle devait, sous une forme nouvelle, être remontée sur son piédestal en 1815. 1848 donna à la place Royale le nom qu'elle avait porté sous le Consulat et l'Empire, *place des Vosges.*

Entre toutes ces maisons, une maison est célèbre, c'est le n° 6, l'hôtel Guémenée, où demeura longtemps Victor Hugo. L'hôtel Carnavalet, à deux pas de là, avait vu naître ou renaître notre langue française avec toutes ses préciosités et ses délicatesses. Le n° 6 de la place Royale assistait à l'épanouissement de la poésie et du drame moderne avec toute leur audace et leur grandeur. Ceux qui furent de cette époque nous ont conté avec quels battements de cœur ils franchissaient les marches de cet escalier et avec quelle surprise ils sortaient, emportant un conseil et un exemple. Ah! le beau temps que ce bon temps!

C'est place Royale aussi que, un matin de 1858, j'ai vu passer le convoi de cette femme qui avait réussi à imposer à notre attention et Corneille et

Racine, et ressuscité Melpomène comme on galvaniserait un marbre. Rachel habitait place Royale, n° 9. Ce jour-là, c'était la tragédie même qui s'en allait dans ce cercueil.

Une petite place triangulaire, triste et sombre par les jours de pluie, bizarre d'ailleurs, parfois rajeunie, réchauffée de soleil, des maisons hautes, des portes basses, des grilles aux fenêtres : c'est la *place Dauphine*. Tous les omnibus qui passent par le Pont-Neuf sont forcés d'en faire le tour. La *correspondance* l'exige. En regardant ce triangle seulement, on a froid. La teinte est grise. A peine un bout de ciel égaré au-dessus. En tout temps, ses maçonneries de brique, salies par chaque journée depuis Henri IV, suintent l'ennui ; ses arcades à refonds ont de sinistres et mélancoliques aspects ; ses pierres de taille se disjoignent comme si elles bâillaient. Les boutiques qui sont là blotties ne sont pas faites pour l'égayer. Des magasins de librairie ou des repaires d'antiquités, des études d'huissiers, des bureaux de journaux judiciaires. Les petits corridors ouvrent sur la place leurs boyaux noirs ; leurs escaliers sont glissants, les paliers étroits. Un quinquet phtisique agonise tout le jour

PLACE DAUPHINE

durant sans éclairer personne. La rampe est huileuse, les murs gras.

Vient un rayon, et tout cela se dore, semble sourire. Je sais d'ailleurs que la place Dauphine a ses enthousiastes. On l'a appelée la plus jolie place de Paris. Ce qui peut-être la rend définitivement maussade, c'est cette colonne dérisoire que l'on a élevée là au général Desaix. Le buste lugubre, l'air assombri, dégradé par le temps, verdi par la pluie, regarde, et non sans envie, là-bas, dans la foule, parmi les arbres, la statue de bronze d'Henri IV, qui développe, à cheval, sa lourde carrure. Ce *monument* de Desaix, avec sa statue à demi dé truite, ses noms de victoires mainte nant illisibles, ses tables de marbre plongeant piteusement dans un ré servoir mesquin, est la chose la plus triste du monde. On doit mieux que cela au général républicain. Une inscription de cette *colonne* rappelle les paroles fameuses : « *Allez dire au premier Consul que je meurs avec le regret de n'avoir pas assez fait pour la France et la postérité.* » Il est aujourd'hui prouvé que Desaix, tué sur le coup, n'a prononcé avant de mourir aucune parole. Mais on peut dire cependant que, s'il regrettait de n'avoir pas assez fait pour la France, la France peut regretter de n'avoir pas encore assez fait pour lui.

Place du Caire. Une place modeste, perdue dans un fouillis de maisons laborieuses, assez terne, mais bizarre avec ses figures égyptiennes qui décorent l'entrée du passage. C'est là qu'on peut le retrouver, ce style faux qui s'appelle le style égyptien et qui envahit Paris, nos salons, au lendemain des victoires de Bonaparte. Les chaises se contournaient en éventails de filles de Pharaons, les bras des fauteuils arboraient des figures hiératiques, les pendules appuyaient leurs cadrans ronds sur des corps de sphinx, et tout était à l'égyptienne.

L'industrie des chapeaux de paille règne en maîtresse dans ce coin de Paris. Des cardeuses de matelas s'y établissent aussi en plein jour, comme dans la cour d'une maison. C'est là, sur le trottoir qui va de la place à la rue du Caire, qu'elles se tiennent, attendant qu'on les vienne demander, comme les servantes à la *loue,* comme jadis les maçons en place de Grève.

La *place de la Bastille* a sa colonne
triomphale qui rappelle la victoire
d'un peuple, tandis que la colonne
de la place Ven-
dôme raconte les
victoires d'un
conquérant. Les
noms glorieuse-
ment ignorés
des combat-
tants de Juillet
étincellent par-
fois, au soleil,
le long de cette co-
lonne de bronze, semblable
à un immense collier d'or.

Les morts de la place de la Bastille ont
aussi leur anniversaire et j'ai vu des couronnes en
grand nombre suspendues à la grille qui les entoure.
Pour se faire une idée de la Bastille, il faut avoir
vu quelque exemplaire de cette Bastille en miniature
que Palloy fit tailler dans les pierres mêmes de la
forteresse. Ces tours, ces cours, ces portes de prison

menacent de façon grognonne. Quelle réponse à tant
d'injustices, à tant de cruautés, à tant de despotisme,
ce 14 juillet 1789!

Un beau soleil a fêté ce grand jour!

a dit Béranger. Il se trompait, et le *Journal de Paris*
nous apprend que ce jour-là juste-
ment le temps était couvert, presque
menaçant. Mais qu'importe! Ce
beau soleil était dans
tous les cœurs. Cette
cocarde verte, couleur
d'espérance, arborée par
Camille Desmoulins,
était la cocarde de la
France. Ironique et ter-
rifiante ré   ponse d'un peuple qui,
d'un revers de   main, jette à bas un
cachot et le remplace par une guinguette, et qui,
où l'on eût pu lire : *Ici l'on étouffe, ici l'on pleure,
ici l'on meurt*, écrit bravement : *Ici l'on danse!*

Je ne regrette pas le gigantesque éléphant que
Napoléon voulait faire construire place de la Bas-

tille. La bizarre idée ! Le modèle
en plâtre, qui a si longtemps sub-
sisté là, ne servait guère que de
caserne aux rats. Eux aussi, un
beau jour, on les expropria, et,
leur *ratopolis* haussmannisée
avant l'heure, ils se sont logés
un peu partout.

La place de la Bastille, qui
en 1814 avait entendu les plaintes farouches, les réclamations des faubouriens
demandant des fusils, des balles, des car-
touches pour aller défendre Paris, vit, en juin 1848,
les plus terribles épisodes et les combats les plus
meurtriers. Négrier tomba là, et Charbonnel, qui le
suivait ceint de son écharpe de représentant du peuple,
et aussi l'archevêque de Paris. La place n'en est ni
moins gaie ni moins séduisante. Des passants, des
flâneurs, des voitures, souvent chargées de colis (le
chemin de fer de Lyon n'est pas loin), un brouhaha,
un mouvement, un ruissellement infinis. De tous les
côtés des horizons : l'entrée du faubourg, avec ses
maisons de travailleurs gorgées de locataires, sa foule,

ses enseignes, la gare du chemin de fer de Vincennes, le canal, maintenant couvert avec ses trottoirs rectilignes, sa bordure d'arbres, de loin en loin ses corbeilles, vomitoires de la fumée; du côté de l'Arsenal, de larges quais, de calmes demeures et de grands arbres.

Les belles promenades, les soirs d'été ! Assis autour de la colonne, sur le rebord de pierre, les ouvriers prennent l'air, la journée finie, lisent, causent.

Des soldats montrent leur culotte rouge, des voltigeurs leurs épaulettes jaunes parmi ces blouses bleues. Il fait chaud, il fait bon. Un marchand de chansons, monté sur un tabouret, entouré de monde, chante ses cahiers en s'accompagnant de la guitare.

On entend le cliquettement d'une sonnette, puis : *A la fraîche, qui veut boire ?* Çà et là aussi un escamoteur, le dernier des escamoteurs ! Partez, muscade !

Tout cela à la fois paisible et fourmillant de gens, de garçons, de filles en bonnet ou tête nue. C'est la promenade des faubouriens de Saint-Antoine, qui vont et viennent librement où s'élevait la prison

BOULEVARD RICHARD-LENOIR

démolie par leurs grands-pères et qui s'y installent
par droit de conquête.

Tandis que bondit de son mieux, place de la Bastille,
le Génie de la Liberté, le Louis XIV de Bosio caracole
lourdement sur la *place des Victoires*. Le cheval, énorme,
semble gémir du poids qu'on lui a infligé. Le grand
roi — le gros roi — regarde la Banque.

La place est jolie; les larges enseignes des magasins de nouveautés et des fabricants de châles en
rompent la régularité. Mansard s'en plaindrait, et le
duc de la Feuillade, qui fit bâtir la place à ses frais,

jetterait les hauts cris. On retrouve çà et là quelques anciennes maisons contemporaines de la fin du dix-septième siècle et qui virent la statue de Louis XIV à pied, entre quatre nations vaincues, renversée par le peuple en septembre 92.

Du bronze royal les patriotes firent peut-être des canons; la place des Victoires, appelée *place des Victoires nationales,* eut bientôt pour décoration une Pyramide en bois où l'on inscrivit les noms des citoyens tués au 10 août. Cambon, qui demeurait au n° 6 de la place des Victoires, ne sortait jamais de chez lui sans donner un salut à la Pyramide.

Mais les monuments ont leurs destins. La Pyramide qu'on devait reconstruire en pierre, fut un beau matin renversée, et le vainqueur de Marengo voulut d'abord la remplacer par un monument élevé à Desaix et à Kléber.

Six ans après, le premier Consul, devenu empereur, demandait : « A quoi bon Kléber? Décidément Desaix seul figurera sur ce monument ». 1815 vint et avec 1815 l'invasion. Le monument n'était pas fait. Les Bourbons n'auraient eu garde de l'achever, et la Restauration restaura le grand roi sur la place de

PLACE DES VICTOIRES

La Feuillade. Seulement, on laissa à l'hôtel des Invalides les *nations vaincues*.

Et, comme pour faire oublier à Louis XIV son long exil, on le dota d'un cheval.

Les anatomistes les ont critiqués autant que les sculpteurs, tous ces chevaux qu'on met entre les jambes de nos rois, le cheval de Henri IV aussi bien que celui de Louis XIV. Il paraît que l'art vétérinaire les condamne aussi radicalement que l'art pur. Ce n'est pas peu dire.

Je n'ai jamais pu traverser la *place Vendôme* sans avoir le vague ressouvenir d'une tragédie classique. Cela est solennel et majestueux, d'une admirable régularité et d'un style irréprochable.

Mais, à n'avoir pour horizons que ces lignes nobles et sereines, en vérité on périrait d'ennui. L'aspect de la place fait évidemment que les gens las de la vie choisissent de préférence, pour se précipiter, non la colonne de Juillet, mais la colonne Vendôme. Les mascarons grotesques et les satyres qui montrent la langue aux passants le long des maisons ne parviennent pas à égayer.

Elles ne sont, dirait-on, pas habitables, ces

demeures, ou du moins faut-il pour les remplir tout un état-major, toute une compagnie financière, tout un ministère.

Les passants ne sont pas rares; vue de la rue de la Paix, la place même est gaie, avec cette parcelle d'horizon sur les Tuileries plein d'arbres et de ciel.

Des drapeaux semblent endormis au bout de leur hampe, au-dessus de portes aux battants lourds et graves.

Des gardes nationaux placés en sentinelle contemplent d'un air ennuyé des lanciers ou des dragons en faction.

De temps à autre, au pied de la colonne, il se forme un groupe curieux.

L'homme au télescope fait admirer les étoiles ou la lune aux passants qui clignent des yeux et n'aperçoivent guère que leurs cils sur la lentille.

Parfois il dessine à la craie, sur le bitume, quelque fantastique cosmographie, et les badauds, étonnés, admirent.

Il y a longtemps, il est vrai, que la colonne est veuve de son télescope. Le *négociant* astronomique s'est établi autre part.

L A place Vendôme — salut à elle ! — a pour parrain un bâtard de roi. Sur ce terrain César de Vendôme, fils de Henri IV et de la belle Gabrielle, avait fait bâtir un hôtel. Louis XIV, qui l'avait acheté, ordonna qu'on le démolît, que Mansard construisît une place, et, comme nulle place n'était possible sans une statue de souverain, il y fit élever en bronze sa propre image. La Révolution renversa la statue et la fondit avec toutes les autres. Après s'être nommée la *place des Conquêtes*, la place Vendôme s'appela la *place des Piques*. Cette section des Piques fut une des plus chaudes et des plus remuantes : Robespierre en était.

La colonne actuelle, faite de canons autrichiens, date de 1806-1810. Elle a inspiré des couplets devenus rapidement populaires à Émile Debraux, le roi des guinguettes. En 1815, les alliés attelèrent leurs chevaux à des cordes passées autour du cou de Napoléon de bronze, et l'on planta là-haut le drapeau blanc. 1830 rendit à la colonne la redingote grise. On vient d'y mettre un Napoléon romain. C'est à cette grille que, tous les ans, les grognards viennent accrocher leurs

couronnes d'immortelles. Mais sans doute, hochent-ils
la tête en regardant (s'ils peuvent la voir encore) cette
figure de César qu'ils ne reconnaissent pas. Faire d'une
tunique un peplum, diviniser un soldat!

 A place de la Bourse, c'est la Bourse. La place n'est que l'accessoire. Le personnage, c'est ce *grenier à foin bâtard du Parthénon*, dont l'horloge a remplacé pour les Parisiens le canon — aujourd'hui dédaigné — du Palais-Royal. La place de la Bourse a pourtant sa physionomie, son public. Les cafés n'y ressemblent pas aux cafés de la place des Victoires ou aux cafés des boulevards. Ils sont un peu pour les agioteurs ce que les cabarets du boulevard de l'Hôpital sont pour les négociants du Marché-aux-Chevaux. On y arrose les affaires. Dans la partie qui fait face au fronton du palais, la place de la Bourse n'est qu'un tronçon de la rue Vivienne. Les passants sont nombreux. On s'y coudoie assez volontiers. De l'autre côté, un désert relatif. Des boursiers, des courtiers. Bizarres et curieuses physionomies. Je conçois qu'un dessinateur ne s'éloigne pas volontiers de la place de la Bourse et de l'Hôtel des Ventes. Callot y passerait ses journées. Les offices d'annonces, les bureaux de poste et de télégraphie,

les compagnies d'assurances font volontiers élection
de domicile sur la place de la Bourse. On le conçoit.
A côté, — antithèse facilement expliquée par le
voisinage des théâtres, — des pâtissiers, des confiseurs.
C'est place de la Bourse qu'a pris naissance le *Savarin*
d'illustre mémoire. Il fut un temps où l'on ne pouvait
décemment présenter un de ces gâteaux s'il ne venait
de la place de la Bourse. Le *Saint-Honoré* et le
Solférino, malgré leurs qualités dont la principale est
l'*actualité,* n'ont d'ailleurs pas réussi complétement à le
détrôner.

La place de la Bourse n'a pas d'histoire. Ses tablettes
sont des bordereaux.

La *place Maubert* — j'aime ces rapprochements —
n'est plus qu'un souvenir. La pioche de ces dernières
années a passé par là. Adieu les cabarets borgnes et les
tapis-francs, les coins obscurs et la pittoresque *verrue*
que Montaigne eût étudiée! Tout est *déblayé.* Paris
nouveau a chassé le vieux Paris. Un boulevard est
venu. Que voulez-vous que fassent les vieilles masures
devant un boulevard? Qu'elles meurent! — Elles
sont en poussière.

Ce nom de la place Maubert sent le Moyen Age.

PLACE DE LA BOURSE

On entend, à le prononcer, le chœur grouillant des
mauvais garçons et des malandrins. Elle resta toujours,
au surplus et jusqu'en ces heures suprêmes, le quartier
général de la truanderie parisienne. Le voyou y régna
avec le matifou. D'où lui vient ce nom de Maubert,
qu'il faut prononcer avec l'accent traînard et gras du
faubourien? La tradition veut qu'en un logis de cette
place, Albert le philosophe, Albert le magi-
cien, le *Grand Albert*, pour tout dire,
ait, au treizième siècle, établi son labo-
ratoire. Pourquoi non ?
Les maisons bossuées de
la place Maubert n'abri-
tèrent-elles point Paracelse
et avec ce Paracelse, d'autres savants ? Cette place
aimait les studieux. Ce fut
là pourtant que, sous le règne
du restaurateur des lettres, on brûla vif Étienne
Dolet. Il gênait tant de gens, cet imprimeur maudit ! —
François Ier put, ce jour-là, se flatter de n'avoir point
perdu sa journée.

Actuellement, la place Maubert ressemble vaguement à une rue étroite qui aboutirait à un square. Tout est démoli. La place est pour les moellons une *place à prendre*. Comme ces *témoins* qu'on met au bord des champs pour marquer des anciennes limites, çà et là quelques anciennes maisons, les aïeules, demeurent avec leurs boutiques de mercerie, leurs débits de vins, leurs rôtisseries, toujours bruyantes et pleines. Pour attirer le chaland, tout est bourré jusqu'au seuil, la devanture regorge. Chez le mercier, les blouses bleues, les pantalons de coutil, les casquettes, les gilets de flanelle, les bas de laine ou de coton s'étalent devant la porte, se balancent au vent ou pendent languissamment aux clous. Chez le rôtisseur, les oies grasses et rebondies, montrant leur chair rouge sous leur peau grenue, la tête repliée sous l'aile et déplumées, fraîches, appétissantes, tentent opiniâtrément la vue et font monter l'appétit aux dents; les canards s'empilent et les poulets ; parfois des membres de dindes cuits et dorés dans une assiette, des oisillons embrochés et, — montrant leur ventre blanc et renflé, — partout des lapins qu'on écorchera tout à l'heure.

Le peuple a ses carnavals aussi et ses festins où il

PLACE DU PANTHÉON

mange tout comme un autre son quartier de dinde ou sa moitié de canard. Le fond de la boutique fait rêver aux cuisines de Gamache. Le feu flambe, la broche tourne, une broche majestueuse, alourdie par un chapelet de volaille qui laisse tomber sa graisse dans la lèchefrite et se rôtit doucement à la flamme claire. Sur le trottoir, fascinés, extasiés, des gamins regardent. Bienheureux lorsque, pour apaiser la faim irritée par la mangeaille, ils trouvent en rentrant la soupe chaude du soir!

Les marchands de vins aussi sont nombreux. Des barreaux de couleur, un comptoir derrière, une ou deux tables. Toujours du monde. On entend souvent des disputes. De la main qui a versé l'ivresse, le marchand met dehors le client ivre et le tient en respect. Quand le soir vient, tout s'allume. La ruelle qui a gardé ce nom de place Maubert — et qui n'est plus, je l'ai dit, qu'une place étranglée — s'emplit, ruisselle. Les boutiques dardent leurs yeux rouges. On aperçoit, çà et là, quelques forges. Le charbon ne s'y éteint pas; toujours le soufflet, mis en mouvement par la chaîne de fer, se froisse et soupire; les marteaux se lèvent et s'abaissent, frappent bravement et font jaillir du fer

incandescent les étincelles. Ces hommes couleur de
suie, aux muscles d'acier, chantent peu, ne parlent pas,
travaillent beaucoup. Le feu égaie le flâneur qui le
regarde et tisonne ; au contraire il consume, dirait-on, le
travailleur qui le veut braver et le contraindre à obéir.

Mais elle dure longtemps notre promenade à travers
les *forums parisiens*, et l'esprit se lasse comme les yeux,
comme les jambes. Nous aurions, si l'on voulait, encore
bien du chemin à faire, car les places sont nombreuses,
l'on en peut citer bien d'autres depuis la *place de
l'Estrapade*, qui date de loin, jusqu'à la *place de l'Opéra*,
qui datera de demain. *Place de l'Estrapade !* Un nom qui
sent la torture. Diderot, qui n'aimait pas les tortion-
naires, y habita ; et ses deux logements — l'autre était
rue Taranne — existent encore. La *place de l'Arsenal*,
la *place Boïeldieu*, la *place Breteuil*, la *place Saint-Sulpice*,
la *place Saint-Eustache*, la *place de la Sorbonne ?* On en
pourrait nommer encore. La *place Saint-Sulpice*, vaste et
d'aspect singulier, clérical, avec sa fontaine aux lions
superbes, et jadis son sanglier vivant à l'angle de la rue
Bonaparte. La *place Saint-Eustache*, parfois encombrée
de légumes, de choux entassés, de rouges carottes. La
place du Panthéon, où le vent souffle et pique, déserte,

superbe les soirs d'automne, au coucher du soleil : autant de petits tableaux à faire. Mais n'aimez-vous pas mieux les souvenirs ? La *place du Palais-de-Justice* me fait songer que c'est là qu'on marquait les condamnés, là que leur chair grésillait sous le fer chaud. La place du Palais-Royal, c'est 1830, les barricades, les premiers coups de feu, le combat du 24 février 1848. Le carrefour Buci, ce sont les volontaires de 92, c'est le peuple exalté, affolé, terrible : c'est le commencement des massacres de Septembre. Ainsi reconstruirait-on tout notre passé. Mais, rencontrant en ces places sinistres, la *place Saint-Jacques*, la *place de la Roquette*, ne peut-on dire aussi : « heureuses celles qui n'ont pas d'histoire ! »

La place Saint-Jacques, aujourd'hui libérée de l'échafaud, n'en garde pas moins je ne sais quelle physionomie sombre et farouche. La place de la Roquette sera de même, plus tard, lorsque ces quatre pierres qui sont là, devant la porte de la

prison, ne se lèveront plus pour laisser s'affermir les madriers de la guillotine. Triste place, avec son horizon de prisons, de murailles rougeâtres et caillouteuses, ses pavés où l'on cherche des gouttes de sang, ses arbres qui ont peur d'avoir des feuilles. On sent, on devinerait que des choses lugubres se sont passées là. D'ailleurs, c'est le domaine de la mort, ce bout de terre. Il y a des pierres tumulaires sur la route, et le cimetière n'est pas loin. La place Saint-Jacques avait vu tomber les têtes de Darmès, d'Alibaud, de Fieschi.

La place de la Roquette en a vu mourir bien d'autres.
Je plains ces arbres, faits pour l'air libre, pour le grand
soleil, pour la pluie vivifiante et que l'on condamne
à assister à ces rouges spectacles. Mais, éclaboussée
ou non par le sang de l'homme qui meurt, la feuille
de l'acacia, au moment où le couperet tombe, n'en
tressaille pas   moins sous le

vent, comme sous un baiser frissonne une fiancée.

Elle a pourtant vu, elle aussi, des exécutions, cette
autre place, la *place du Trône*, où maintenant les saltim-
banques, à peu près chassés de partout, peuvent se
réfugier encore ! Oui, la place du Trône, gaie, bruyante,
qu'on se figure pleine toujours de mâts de cocagne et
de théâtres diurnes, le soir, embrasée de feux d'arti-

fices et peuplée de marchands de coco, elle fut un moment une succursale de la place de la Révolution. Le 9 thermidor la déposséda de sa guillotine : André Chénier était mort place du Trône, Robespierre mourut place de la Concorde. Ce fut par cette route menant à Vincennes que Louis XIV entra à Paris, tenant par la main la princesse autrichienne qu'il venait d'épouser. On avait élevé pour eux un trône superbe, d'où le nom de *place du Trône* qui lui est resté, et aussi à la barrière de Vincennes, jusqu'à ce que la Révolution, renversant le trône, vînt nommer la place et la barrière : *barrière et place Renversées.* C'est une des promenades du peuple de Paris. Le faubourien y va volontiers chevaucher sur des chevaux de bois, jouer aux bagues, tirer des lapins, abattre des poupées de plâtre. Les baraques en planches et en toiles y ont encore quelque crédit. Le phoque qui dit papa, le sauvage mangeur de chair crue, la prise de Puebla succédant à la prise de Constantine, — et cela sans que l'uniforme du soldat français et de son ennemi soient sensiblement modifiés, — le serpent de mer, les singes savants, la magnétiseuse brevetée, tout s'y retrouve, et le royaume de la *banque* possède là un de ses derniers remparts.

Hélas! hélas! les courses de Vincennes, les invasions de tireurs nationaux, de coulissiers et de coulissières finiront bien par altérer la physionomie de ce quartier! C'est fini : les faubourgs ne descendent plus, mais la *fashion* monte !

La *fashion ?* Le mot est maintenant français.

Et la chose aussi. Puis, si les victorias et les calèches ont étonné les faubourgs lorsque Vincennes a voulu rivaliser avec Longchamp, les faubouriens ont à leur tour pris le chemin des champs de courses. L'ouvrier joue comme le sportsman sur cet autre tapis vert. Il apporte aux jockeys l'argent de la semaine.

Au grand défilé des élégances « retour de la piste »

le long des Champs-Élysées, se mêlent des figures de
prolétaires. Piétons, ils descendent parmi les voitures
et les drags. La grande avenue noire de monde, roule,
ces jours-là, un fleuve humain. Et là-haut, ouvrant son
arche immense, l'Arc-de-Triomphe apparaît au soleil
couchant dans un poudroiement de lumière. Triomphe
du LUXE et du JEU après le triomphe de la GLOIRE !

III

LES SQUARES

OUR peu d'ailleurs que les choses continuent, il nous faudra tantôt un *Dictionnaire Anglais de la Langue Française.* Que de gens qui parlent de *squares,* prononcent *skouer* à l'anglaise ou *skouare* à la française et ne comprennent pas ce qu'ils disent. *Square,* en anglais, signifie proprement *carré,* par acception particulière *équerre, place. Square, place carrée* donc, ou *place en équerre.* Le mot vient au surplus du vieux mot français *quarré,* « quarré, square ». Mais, se moquant des définitions, les squares prennent les formes qui leur plaisent, et la géométrie tout entière, et non pas telle figure géométrique, leur appartient. Chacun d'eux aussi a sa physionomie, tient à s'individualiser, attire et conserve un public distinct. Tel de ces squares recrute, par exemple, ses habitués parmi les enfants, tel autre parmi les vieillards. Lorsque le public du square est mixte, ce qui n'est point rare, des lignes de démarcation se tracent tout naturellement dans ce jardin minuscule : ici les bonnes, là les mères ; l'aristocratie d'un côté, la démocratie de l'autre. O temps promis à l'égalité ! Cette séparation, ce triage, ont lieu, au surplus, du consentement de tous les partis. « A toi ce côté, à moi cet autre. » C'est un peu (Babeuf me pardonne) la *loi agraire* en matière de distraction.

Le square est le jardin fractionné, la promenade mise à la portée de tout le monde, et quelque chose comme le bois de Boulogne offert à domicile. Ces demi-jardins ont bien souvent l'air souffreteux, bourgeonnent timidement et fleurissent avec modestie. Les petits arbres ressemblent à ces enfants malingres qui s'élèvent dans les villes et n'ont jamais couru « parmi le thym et la rosée ». Quelques-uns de ces malheureux

deviennent chauves de bonne heure, perdent leurs
feuilles, d'autres sont poitrinaires, presque tous bien
faibles. Mais ils font ce qu'ils peuvent pour ceux qui leur
demandent de l'ombre et des feuilles et qui leur rendent
simplement en échange du gaz et de la fumée de tabac.

Le square de la tour Saint-Jacques est un des mieux
entretenus et l'aîné de nos squares, si je ne me trompe.
C'est une succursale de la petite Provence. Les enfants
jouent dans ces allées sablées, le long des parterres où,
des primevères aux chrysanthèmes, fleurissent toutes les
fleurs de l'année. Les bonnes assises sur les bancs, les
unes contre les autres, causent et rient, parfois ferment
leurs yeux éblouis par le pompon rouge d'un tricorne de
grenadier de la Garde. Sur son piédestal, dans la tour,
Pascal, tout à ses problèmes, penche la tête, regarde et
ne voit rien. Ce square est d'ailleurs plein de *respectability*.
J'y ai entendu un des gardiens, ex-sous-officier décoré,
médaillé et à cheval sur la discipline, réveiller un ouvrier
assoupi sur un banc de l'usine Tronchon et murmurer
dans sa moustache : « On ne dort pas ici ! » L'air est à
vous, passant, mon ami, les fleurs, les sapins, mais non le
sommeil.

Moins de discipline au square des Arts-et-Métiers. Il

est tout petit celui-ci, mais vivant, braillant, plein de cris, plein de bruit, plein de monde. Une colonnette au milieu, une Victoire au-dessus, quatre kiosques en bois aux angles, remplis de jouets, bourrés de cerceaux, de gâteaux, de pantins, de balles élastiques, de balles en peau de couleur, de polichinelles, de pains d'épices, d'images d'un sou, de sucre d'orge; un pandémonium de jouissances! Et autour de ces tentations multicolores, autour des *suçons* blonds ou verts, autour des *bismarcks au bout d'un fil*, autour des poupées, autour des *chaussons* aux prunes, que d'yeux et de bouches avides, de dents qui dévoreraient, de lèvres qui baiseraient! Pauvres enfants! Ce square, du matin au soir, a l'air d'une cour de collège à l'heure de la récréation. On s'y bouscule gaiement, tout en respectant les plantes à larges feuilles et les bordures de buis. Le soir, les boules dépolies s'éclairent, ressemblent, dans la nuit, à de grosses perles; mais le bruit a cessé, l'orchestre s'est tu, le square est triste. Les enfants sont couchés!

Le square du Temple est le square du peuple. On n'y joue pas, on s'y repose. On y prend l'air, entre le déjeuner et le travail de l'après-midi, et parfois on en fait la salle du restaurant. Toute cette laborieuse popu-

lation du quartier du Temple, de la rue des Gravilliers,
de la rue Phélippeaux, de la rue des Fontaines,
tabletiers, tourneurs, bijoutiers, ivoiriers, ouvriers en
peignes ou en brosses, petits fabricants d'*articles de Paris*
viennent là prendre l'air et se détendre les membres,

comme d'autres se détendent l'esprit au Luxembourg.
A l'heure du déjeuner, sur les bancs, ils mangent leur
fromage sur le pouce, apportent leur dessert sous les
arbres et le partagent avec les poissons rouges. D'autres
lisent — en manière d'entr'acte — un journal à un sou

ou quelque volume de la *Bibliothèque Utile*. D'autres plaisantent avec les ouvrières, nu-tête, en cheveux, un grand tablier à plastron passé sur leur robe. Des romans s'ébauchent, vertueux ou non, sous le tilleul de Louis XVI. On dit que le Roi, sous cet arbre, enseignait l'histoire au petit Dauphin. Lui disait-il que la prison royale deviendrait la promenade populaire? Une légende courait, lorsqu'on démolit, il y a trois ou quatre ans, la rotonde du Temple. On affirmait que dans les décombres on allait retrouver le testament de Marie-Antoinette qu'on y avait enfoui. Des recherches furent faites. On n'a rien trouvé.

Les autres squares tiennent peu ou prou de ces deux ou trois physionomies : le square Montholon est à gauche un square d'ouvriers, à droite un jardin de petits bourgeois. Le square du Château-d'Eau n'est qu'un parterre, une languette de jardin; le square Louvois, un jardin succursale de la bibliothèque Richelieu. Montmartre aura, dit-on, son square; Belleville a son square, touffu de plantes au feuillage coloré. Les buttes Chaumont, avec leur mamelon de verdure d'où l'on voit Paris tout entier, le grand Paris, ne sont plus qu'un square immense, et les Alliés n'entendraient plus

PLACE DU TRÔNE

SQUARE MONTHOLON

aujourd'hui que le bruit assoupissant des jets d'eau et des cascades en cet endroit où gronda le canon.

Vivent les squares ! A la condition pourtant qu'ils ne nous enlèvent pas de chers souvenirs, des maisons curieuses. Vivent les squares, ces jardins pour tous ! Mais vous savez ce qu'on a dit :

Les jardins à Paris sentent le renfermé.

C'est possible, et ces fleurs prises entre nos pâtés de maisons, encastrées dans des trottoirs de bitume, ont l'air de pauvres prisonnières. Mais un lambeau de

feuille verte, un brin de marguerite, un bout de lilas,
une tête de rose, c'est si bon tout cela, que je demande
— sans pitié - - qu'on ne leur rende pas la liberté!

POST-SCRIPTUM

*Ainsi écrivais-je cette promenade à travers Paris à
l'heure où Paris allait se transformer et en partie disparaître. Ceci n'est que le témoignage et comme le souvenir
d'un vieux Parisien. Ceci, dirais-je, n'est pas un livre, mais
un album. L'album du Paris d'autrefois, du Paris de ma
jeunesse.*

TABLE DES ILLUSTRATIONS

PLACE DU THÉATRE-FRANÇAIS

Ce Livre

Imprimé chez

Berger-Levrault a Nancy

sur ses caractères Baskerville, pour le texte,

et illustré chez

Fortier & Marotte a Paris

avec le procédé de Léon Marotte

a été terminé le

XXXI Décembre

MCMX

www.ingramcontent.com/pod-product-compliance
Ingram Content Group UK Ltd.
Pitfield, Milton Keynes, MK11 3LW, UK
UKHW022241120726
13694UKWH00003B/920